Neue gute Weihnachtswitze

EULENSPIEGEL

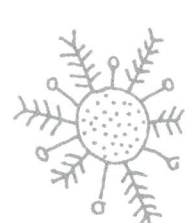

Inhalt

Auf dem Wunschzettel

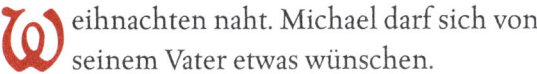

Weihnachten naht. Michael darf sich von seinem Vater etwas wünschen.

»Ich wünsche mir einen großen Bernhardiner-Hund.«

»Wünsch dir etwas anderes.«

»Okay, ich wünsche mir, dass wir einen Tag lang die Rollen tauschen.«

»Geht in Ordnung.«

»Gut, dann komm jetzt, wir gehen in die Stadt und kaufen Michael einen Bernhardiner.«

Gerd wünscht sich zu Weihnachten eine Trompete. Doch sein Vater will nichts davon wissen: »Meinst du, ich will mir den ganzen Tag den Krach anhören?«

»Nein, Papa«, erklärt Gerd besänftigend, »ich verspreche dir, dass ich nur blase, wenn du schläfst.«

Sag mal, wieso bekommst du eigentlich immer genau das zu Weihnachten, was du dir wünschst?«

»Ganz einfach: Eine Woche vor Weihnachten beginne ich im Schlaf zu sprechen.«

Der Sohn sagt zum Vater: »Zu Weihnachten wünsche ich mir einen Revolver.«
»Kommt nicht infrage«, sagt der Vater. »Du kannst vielleicht einen Spielzeugrevolver haben.«
»Ich möchte aber einen echten Revolver«, motzt der Sohn.
Darauf der Vater: »Wer hat denn hier zu entscheiden, ich oder du?«
»Momentan du, Papa, aber wenn ich einen Revolver hätte …«

Oma fragt ihre kleine Enkelin: »Babsi, was wünschst du dir denn zu Weihnachten?«
»Die Pille.«
Oma ist entsetzt: »Wie bitte? Wozu denn?«
»Ich habe schon sooo viele Puppen und will keine mehr!«

Laura verkündet: »Ich möchte zu Weihnachten einen Papagei!«
Erstaunt fragt die Mutter: »Verstehst du denn etwas von Papageien?«
»Na klar, wenn sie deutlich sprechen.«

Meine Eltern wollen mir zu Weihnachten keinen Hund schenken«, beklagt sich der kleine Jonas bei seinem Freund.
»Du musst dir ein Brüderchen wünschen«, rät dieser, »dann bekommst du deinen Hund!«

Frank geht in die zweite Klasse und kann schon schreiben. Zu Weihnachten schreibt er gleich einen Brief ans Christkind: »Liebes Christkind, ich wünsche mir zu Weihnachten von dir 22 Euro, damit ich mir den großen Traktor kaufen kann.«
Der Briefträger weiß nicht recht, wohin mit dem Brief, und gibt ihn beim Pfarrer ab. Dieser will Frank nicht enttäuschen und schickt ihm einen Zehn-Euro-Schein.
Schon am nächsten Tag kommt wieder ein Christkindbrief beim Pfarrer an – und der Pfarrer liest: »Liebes Christkind, danke für das Geld! Das nächste Mal schick es aber gleich zu mir und nicht erst zum Herrn Pfarrer. Der hat mir nämlich 12 Euro davon geklaut.«

Papa, ich möchte bitte 100 Euro zu Weihnachten haben.«
»Immer willst du nur haben. Denk doch auch
mal ans Geben!«
»Also gut, gib mir bitte 100 Euro.«

Robert schreibt dem Christkind einen
langen Wunschzettel, von Spielsachen
über Sportzeug bis zu Elektronik.
»Ist das nicht ein bisschen viel?«, fragt der
Vater.
»Aber freu dich doch, Vati«, antwortet der
Junge, »so sparen wir wenigstens!«

Süße Sünden

Ständig muss die große Schwester meckern, selbst an Heiligabend lässt sie ihren Bruder nicht in Ruhe: »Karl, wenn du jetzt noch ein Stück Lebkuchen isst, wirst du platzen.« »Gut«, sagt Karl, »gib den Lebkuchen her und geh in Deckung.«

Wo ist denn das Stück Christstollen hin, das hier auf dem Teller lag?«, fragt die Mutter streng. »Das hab ich an einen hungrigen armen Jungen verschenkt«, antwortet Fritzchen. »Das ist aber lieb von dir, Fritzchen! Wer war denn der Junge?« »Ich.«

In der Weihnachtsbäckerei: »Marlene, du hast heute schon wieder von den Plätzchen stibitzt!« »Ganz gewiss nicht!« »Lüg nicht, ich kann dir's ja von der Nasenspitze ablesen.« »Gar nicht wahr, das steht noch von gestern dran.«

Mama, darf ich zwei Stück Christstollen haben?«
»Natürlich, Niklas. Warte, ich schneide dein Stück auseinander.«

Hansi«, erkundigt sich die Mutter, »weißt du, wo ich die Dose mit den Weihnachtsplätzchen hingetan habe?«
»Ja«, beruhigt sie Hansi. »Hinten oben in der …«
»Schon gut«, unterbricht ihn die Mutter.
»Dann muss ich halt einen anderen Platz dafür finden.«

Vorfreude ist die schönste Freude

Das Weihnachtsfest steht vor der Tür, und Familie Müller sitzt gemütlich am Kamin. Da klingelt es an der Tür. Die Mutter öffnet. Der Postbote:
»Hier, Ihre 50-Meter-Rolle Papier!«
»Aber wir haben keine 50-Meter-Rolle bestellt«, meint die Mutter erstaunt.
»Doch, haben wir!«, ruft klein Evi: »Die brauche ich für meinen Weihnachtswunschzettel!«

Weihnachtseinkauf à la DDR:
»Junger Mann, verkaufen sie hier gar keine Nikoläuse?«
Verkäufer: »Keine Nikoläuse gibt's im zweiten Stock!«

Familie Herbich steckt mitten in den Weihnachtsvorbereitungen, Fritzchen hilft beim Baumschmücken. Da rennt er in die Küche: »Mutti, ich hab gerade die Leiter im Wohnzimmer umgeworfen!«
»Lass das bloß nicht deinen Vater sehen!«
»Der weiß es schon, er hängt ja noch an der Gardinenstange.«

Torsten hat auf dem Weihnachtsmarkt tüchtig dem Glühwein zugesprochen. Als er mit dem Auto nach Hause fährt, wird er von der Polizei angehalten.
Sagt der Polizist: »Sie haben gerade ein Stoppschild überfahren.«
Torsten antwortet: »Und – hicks –, lebt es noch, hicks?«

Auf der Weihnachtsfeier:
»Sind Sie für diesen Tanz schon vergeben?«
»Nein, ich bin noch frei.«
»Könnten Sie dann mal mein Glas halten?«

Der Vater ist beim Baumaufstellen von der Leiter gefallen und hat sich ein Bein gebrochen. Als er frisch vergipst nach Hause kommt, ruft Klein-Marie: »Mama, Mama, jetzt gibt es doch weiße Weihnachten!«

Kommt ein Mann in einen Laden und sagt: »Guten Tag! Ich hätte gerne einen Adventskalender von 1968!«
Empört sich der Verkäufer: »Sie haben Sie wohl nicht alle!«
»Doch, nur den von 1968 noch nicht.«

Das Krippenspiel

Ein Pfarrer fährt genau zur Adventszeit zur Kur. So muss der Küster die Weihnachtsvorbereitungen allein stemmen. Als er sich keinen Rat weiß, wie er die Krippe aufbauen soll, schickt er dem Pfarrer seine Fragen.
»Was für eine Aufschrift soll an die Krippe und wie groß soll der Unterbau sein?«
Nicht lange danach erhält der Küster vom Pfarrer ein Telegramm: »Ein Kind ist uns geboren; 3 m lang und 1,5 m breit.«

In einem Museum bewundert ein Ehepaar ein Gemälde von Tizian, das die heilige Familie zeigt.
»Die Leute waren doch damals große Snobs«, meint die Frau abfällig.
»Warum das denn?«
»Arm wie die Kirchenmäuse, müssen in einem Stall schlafen, aber lassen sich von Tizian malen!«

Im Weihnachtsgottesdienst lädt der Pfarrer die Kinder ein, nach vorn zu kommen und sich die Krippe im Altarraum anzuschauen. »Seht nur, wie friedlich das Jesuskind in der Krippe lächelt«, macht er sie auf das Weihnachtsgeschehen aufmerksam. »Auch Maria, Josef und die Hirten wirken friedvoll und glücklich. Und selbst Ochs und Esel im Stall und die Schafe und Hirten stehen friedlich beieinander. Kein Tier schlägt mit den Hufen aus, alle vertragen sich. Was meint ihr, warum hier alle so friedlich und verträglich miteinander sind?«

Luise weiß die Antwort: »Na, die sind ja alle aus Holz geschnitzt.«

Der Katechet erzählt den Kindern, wie Maria das Jesuskind empfangen hat: »Maria saß in ihrer Stube, da tat sich plötzlich die Tür auf, und herein trat mit zwei langen weißen Flügeln …«

»Ich weiß schon, ich weiß schon«, meldet sich Klein-Anne, »der Klapperstorch!«

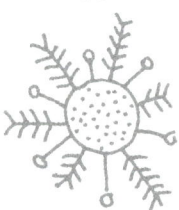

Kindermund

Sag mal, Papi, macht eigentlich das Christkind alle Weihnachtsgeschenke selbst?«
»Aber klar!«
»So, dann verstehe ich aber nicht, warum auf meinem Spielzeugauto 12,10 Euro draufsteht.«

Aus einem Schulaufsatz: »Weihnachten sollte unbedingt früher sein, denn so lange können Kinder wirklich nicht brav sein.«

Großmutter Else liest Ramona ein Märchen vor: »… und Maria gebar Josef einen Sohn!«
Da fragt Ramona: »Du, Oma, was heißt ›gebar‹?«
Die Großmutter wird rot und beginnt zu stottern. »Ja … Ramona, gebar heißt … ›schenken‹.«
Kurze Zeit später schreibt Ramona in der Schule einen Aufsatz über das Thema Weihnachten: »Zu Weihnachten gebar mir meine Oma einen Kanarienvogel.«

Geschenke, Geschenke!

Zwei Arbeiter unterhalten sich darüber, was sie ihren Frauen zu Weihnachten schenken wollen.

»Meine Frau bekommt zu Weihnachten einen neuen Mantel und eine Kette.«

»Geld für eine Kette hast du noch übrig, obwohl wir immer weniger Lohn bekommen und alles teurer wird?«

»So schlimm ist das nicht. Ist ja für ihr Fahrrad!«

Ein kleiner Junge zur Verkäuferin: »Ich suche für meine Mutter ein Weihnachtsgeschenk – eine schöne Keksdose.«

»Das ist aber lieb von dir. Was für eine Dose würde denn deiner Mutter gefallen?«, fragt die Verkäuferin.

»Wie sie aussieht, ist egal, nur der Deckel sollte leise auf- und zugehen.«

Papi, sag Mami bitte nicht, dass ich ihr einen Schoko-Nikolaus zu Weihnachten gekauft habe.« – »Kein Wort, willst du sie überraschen?« Sagt Tom: »Nein, ich habe ihn aufgegessen.«

Jch hab meiner Verlobten zu Weihnachten einen Brillantring gekauft.«
»Konntest du nichts Preiswerteres finden, zum Beispiel einen Fernseher?«
»Hast du schon mal einen gefälschten Fernseher gesehen?«

Der kleine Peter will seinem Opa zu Weihnachten eine Kleinigkeit kaufen. Er geht in ein Spielwarengeschäft und fragt die Verkäuferin: »Haben Sie etwas für einen aufgeweckten Siebzigjährigen?«

Oma Hildegard hat zu Weihnachten ein nagelneues Hörgerät bekommen. Fragt der Enkel beim nächsten Besuch:
»Und Omi, wie funktioniert das Prachtstück?«
»Hervorragend! Ich habe schon dreimal mein Testament geändert.«

Johannes hat auf den Wunschzettel seiner Schwester gespinst und rennt zu seinen Eltern: »Wenn Susanne eine Flöte bekommt, dann will ich ein paar Rollschuhe!«
»Warum denn das?«
»Na damit ich flüchten kann, wenn sie übt.«

Besinnlichkeit

Ein junges Kalb schaut eines Tages durch das Fenster zu, wie der Sohn des Bauern einen Weihnachtsfilm mit Rentieren anschaut. Als der Film vorbei und das Kalb wieder zurück im Stall ist, sagt es zu seiner Mutter: »Wenn ich mal groß bin, dann gehe ich auch zur Luftwaffe!«

Na, wie war der Weihnachtsurlaub?« »Weiß ich nicht – die Bilder sind noch nicht entwickelt.«

Martina hat ihre Liebe zum Gesang entdeckt. »Heute muss man sich auf irgendeinen Sound spezialisieren, um Erfolg zu haben. Wenn ich nur wüsste, auf welchen?« »Spezialisiere dich auf Weihnachtslieder«, rät ihr der Bruder. »Die braucht man nur einmal im Jahr.«

Ein Rentier kommt in eine Bar geschlendert und bestellt sich einen Glühwein.
»Donnerlittchen«, sagt der Mann an der Bar, »jetzt mache ich meinen Job hier schon 15 Jahre, aber ein Rentier habe ich noch nie bedient.«
Sagt das Rentier: »Bei den Preisen hier wird das auch nicht so schnell wieder vorkommen.«

Der kleine Florian zu seiner Mutter: »Wenn ich groß bin, wünsche ich mir zu Weihnachten von euch ein ganz tolles Auto – dann staunen alle, wenn ich damit im Kindergarten vorfahre.«

Petra will ihren Opa zu Weihnachten überraschen.
»Hier, Opa, deine Lieblingsschokolade!«
»Aber das ist ja nur noch eine halbe Tafel.«
»Ja, es ist auch meine Lieblingsschokolade.«

Inge seufzt: »Heute ist erst der dritte Advent, und die erste Kerze hat schon ein Burn-Out-Syndrom.«

Ein kulinarisches Fest

Hugo liegt nach der Weihnachtsfeier betrunken im Straßengraben. Ein vorbeikommender Pfarrer glaubt, er habe einen Sterbenden vor sich, und fragt:
»Mein Sohn, wünschst du die letzte Ölung?«
Lallt Hugo: »Um Himmels willen, jetzt bloß nichts Fettiges!«

Eine polnische Pute zur anderen: »Freue dich – Weihnachten sind wir im Westen!«

Der Festtagsbraten steht auf dem Tisch, aber die Mutter ist unzufrieden mit ihrem Sohn:
»Wie oft habe ich dir schon gesagt, dass du beim Essen nicht mit den Füßen zappeln sollst! Hast du denn keine Ohren am Kopf?«
»Doch«, meint Fritzchen, »aber wie soll ich denn mit den Ohren zappeln?«

Mama, kann ich zu Weihnachten einen Hund haben?«
»Sicher nicht, du kriegst Gans wie jeder andere auch.«

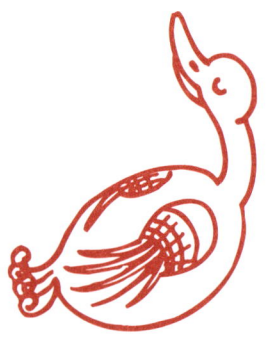

Wissenswertes

Wo kommt Silvester vor Weihnachten?
Im Wörterbuch.

Das ideale Weihnachtsgeschenk für ein Beamtenbüro?
Ein Bewegungsmelder!

Was sind Leute, die Angst vorm Nikolaus haben?
Klaus-trophobisch.

Was ist der Unterschied zwischen einem Weihnachtsbaum und einem Baby?
Den Weihnachtsbaum putzt man vor, das Baby nach der Bescherung.

Welches ist das Lieblingsweihnachtslied junger Eltern?
Stille Nacht.

Was war am 6. Dezember 1914 in Berlin?
Nikolaus.

Welche Adventskerze brennt länger: eine weiße, eine rote oder eine grüne?
Keine, alle brennen kürzer.

Wie heißen die drei Eisheiligen?
Langnese, Schöller und Dr. Oetker.

Und zu guter Letzt:
Wär' Maria hart geblieben,
wär' uns Weihnachten erspart geblieben.

Gedichte für den Weihnachtsmann

Der Gabentisch ist öd und leer,
die Kinder gucken blöd umher.
Da lässt der Vater einen krachen,
die Kinder fangen an zu lachen.
So kann man auch mit kleinen Dingen
den Kindern Weihnachtsfreude bringen.

Der Baum verbrannt, Geschenk vergessen,
die Gans ist auch schon aufgefressen
und auf dem Tisch nur blöde Gaben,
na dann 'nen schönen Heiligabend!

Denkt Euch, ich habe den Nikolaus gesehn.
Er kam aus der Kneipe und konnte kaum
stehn.
Jetzt liegt er drüben im Tannenrevier
und hat den Bauch voll von köstlichem Bier!

Schöne Bescherung

Der Nikolaus steht mit der Rute in der Hand drohend vor dem unartigen Fritzchen. Doch bevor er etwas sagen kann, ruft Fritzchen ganz aufgeregt: »Schnell Papi, ruf doch mal unseren Anwalt an!«

Wirbelwind Jonas bekommt von seiner Oma eine Wasserpistole zu Weihnachten und rennt sofort quietschvergnügt zum Wasserhahn.
Mama Renate ist wenig begeistert: »Sag mal Oma, weißt du nicht mehr, wie viel Ärger wir dir mit solchem Kram gemacht haben?«
Erwidert die Oma: »Doch, das weiß ich noch sehr genau.«

Unsere Geschenke unterm Weihnachtsbaum werden nicht vom Jesuskind
gebracht«, belehrt Peter seine fünfjährige
Schwester.
»Sag das nicht so laut«, ermahnt die Kleine
ihren Bruder. »Wenn das die Eltern hören,
geben sie uns nichts!«

Opa Müller bekommt zu Weihnachten zum
ersten Mal in seinem Leben eine Digitaluhr geschenkt. »Und Opa«, fragt ihn später sein
Enkel, »kommst du mit deiner Digitaluhr
zurecht? Wie spät ist es denn jetzt?«
Opa Müller guckt auf die Uhr. »5 geteilt durch
11, mein Junge, aber das musst du schon selbst
ausrechnen.«

Familie Konrad ist um den Christbaum
versammelt, und Fritzchen wird in den
Keller geschickt, um zwei Flaschen von dem
guten Rotwein zu holen.
Nach ein paar Minuten kommt er wieder und
verkündet: »Papa, das geht nicht mehr.«
»Wieso das denn, ist keiner mehr da?«
»Doch – aber Müllers haben die Latten wieder
angenagelt!«

Onkel Willi: »Weil du immer so hilfsbereit bist, schenke ich dir zusätzlich zu deinem Weihnachtsgeschenk noch diese schöne, neue, blitzblanke Euromünze.«
Gabi: »Aber das ist wirklich nicht nötig, Onkel Willi. Ein hässlicher, alter, verdreckter Fünfeuroschein täte es auch.«

Markus steht an der Bushaltestelle. Es regnet wie aus Kübeln, und Markus hat einen zugeklappten Regenschirm unterm Arm. »Aber Markus, spann doch den Schirm auf, du wirst ja ganz nass!«, sagt die Nachbarin zu ihm. »Das geht nicht«, meint Markus. »Das ist ein Weihnachtsgeschenk von meiner Oma, und die hat gesagt, ich darf es nicht vor Heiligabend öffnen!«

Biblisch

Noah hat mal wieder die Arche inspiziert und kommt zu seiner Frau in die Küche zurück: »Sag mal, wir hatten doch auch zwei Puter mit in die Arche genommen, ich hab nur einen gezählt.«
Gibt seine Frau zurück: »Mein Lieber, du vergisst, wir hatten Weihnachten …«

Fragt der Pfarrer den Schüler: »Und warum nahmen Maria und Josef den kleinen Jesus mit in die Hauptstadt Jerusalem?«
»Weil sie keinen Babysitter bekommen konnten?«

Nach dem Gottesdienst fragt der Pfarrer den Küster: »Wem gehören denn die Schlittschuhe in der Sakristei?«
Der Küster zuckt mit den Schultern: »Vielleicht den Eisheiligen!«

Papa, ich möchte dich etwas fragen«, sagt die kleine Tanja nach dem Religionsunterricht. »Weißt du, wo Erkoren liegt?«
»Erkoren?«, grübelt der Vater. »Du hast den Namen bestimmt falsch verstanden.«
»Nein, bestimmt nicht«, beharrt die Kleine. »Es muss in der Nähe von Jerusalem liegen. Maria stammt von dort.«
»Nein, das glaube ich nicht, du musst dich verhört haben!«, wiederholt der Vater.
Darauf die Tochter: »Wir haben heute ein Lied aus dem Gesangsbuch gelernt. Darin heißt es: ›Euch ist ein Kindlein heut geboren, von einer Jungfrau aus Erkoren!‹«

Vor Weihnachten fragt der Pastor die Klasse, ob jemand etwas vom Stammbaum Jesu weiß. Niemand meldet sich. Nach einigem Zögern steht Johanna auf: »Das wird wahrscheinlich der Baum sein, unter dem sich Jesus und seine Jünger immer getroffen haben …«

Mama, wir haben es besser als die, die nicht an Gott glauben, stimmt's?«
»Aber sicher, mein Kleines.«
»Uns bringt das Jesuskind die Geschenke, die anderen müssen sie sich selber kaufen!«

Ludwig ist Ministrant. Doch im Advent kommt er nicht zum Ministrieren.
Der Pfarrer trifft ihn auf der Straße.
»Warum bist du denn nicht gekommen?«
»Herr Pfarrer, die Mama hat Drillinge bekommen, da musste ich daheim bleiben. Lauter Buben.«
Darauf der Pfarrer: »Das ist wunderbar, die werden sicher auf die Namen Kaspar, Melchior und Balthasar getauft.«
»Ich glaube nicht«, sagt der Bub. »Wie der Vati erfahren hat, dass es Drillinge sind, hat er laut gerufen: ›Himmel, Arsch und Zwirn‹.«

Schottische Weihnacht

Die schottische Traumfrau … hat zu Weihnachten Geburtstag.

Ein Schotte schreibt an seinen Neffen einen Brief: »Fröhliche Weihnachten 2013, 2014 und 2015!«

Ein Schotte bringt seinen beiden Jungs vom Weihnachtsmarkt einen Luftballon mit. Feierlich sagt er: »Aber schön brüderlich teilen!«

Am Weihnachtsabend schleicht sich ein Schotte in den Garten, schießt einmal in die Luft und kommt mit betrübter Miene zu seinen Kindern in die Stube zurück.
»Ich muss euch eine traurige Mitteilung machen: Soeben hat der Weihnachtsmann Selbstmord begangen!«

ie beginnt das Rezept für den klassischen schottischen Weihnachtsbraten?
»Man leihe sich …«

cMac hat einen genialen Einfall: »Jetzt ist Schluss mit dem teuren Lametta für den Baum! Wir versilbern dieses Jahr Sauerkraut.«

Die liebe Verwandtschaft

Der Sohn, der es zu etwas gebracht hat, will seiner alten Mutter etwas besonders Gutes tun. Zu Weihnachten schenkt er ihr einen teuren Papagei, der acht Sprachen spricht.
Am Abend fragt er telefonisch bei ihr nach, wie ihm die Überraschung geglückt wäre.
»Na, was sagst du zu dem Vogel?«
»Weißt du, Junge«, beginnt sie zögernd, »ein bisschen zäh war er schon, aber als Geflügelklein konnte man ihn essen.«
Er ist entsetzt: »Mutter, du hast einen Papagei gegessen, der acht Sprachen konnte?!«
Seine Mutter, unbeeindruckt: »Warum hat er nichts gesagt, als ich ihn geschlachtet habe?«

Am ersten Weihnachtstag steht Tante Renate vor der Tür.
»Das ist aber schön, dass du heute kommst!«, verkündet Tommy.
»So – und warum?«
»Mutti hat gestern erst gesagt, dass du uns gerade noch gefehlt hast.«

Er: »An was denkst du gerade?«
Sie: »An nichts.«
Er: »Das geht doch gar nicht!«
Sie: »Doch, ich dachte gerade daran, was du mir zu Weihnachten schenkst!«

Der stolze Vater zur versammelten Verwandtschaft: »Mein Sohn ist dermaßen begabt! Er wird euch jetzt ›Stille Nacht, heilige Nacht‹ auf der Trommel vorspielen.«

Wie lange wollt ihr eigentlich bleiben?«, fragt Tante Martha den Weihnachtsbesuch.
»Nur so lange, bis wir dir auf die Nerven fallen!«
»Oha, nur so kurz!«

Kerstin gibt vor ihrer Freundin an: »Meine kleine Schwester darf sich jedes Jahr zu Weihnachten von mir wünschen, was sie will!«
»Wirklich, und was wünscht sie sich?«
»Seit vier Jahren einen Malkasten.«

Tino verkündet: »Ich finde, wir sollten Tante Berta zu Weihnachten mal eine richtige Freude bereiten.«
»Und wie willst du das anstellen?«
»Wir schicken ihr einen anonymen Liebesbrief.«

Weiße Weihnachten

8. Dezember

Es hat angefangen zu schneien. Der erste
Schnee in diesem Jahr. Meine Frau und ich
haben stundenlang am Fenster gesessen und
zugesehen, wie riesige, weiße Flocken vom
Himmel herunterschweben. Es sah aus wie im
Märchen. So romantisch – ich liebe Schnee!

9. Dezember

Als wir wach wurden, hatte eine riesige, wun-
derschöne Schneedecke jeden Zentimeter der
Landschaft zugedeckt. Was für ein fantastischer
Anblick!
Habe zum ersten Mal seit Jahren Schnee
geschaufelt und fühlte mich wieder wie ein
kleiner Junge. Habe die Einfahrt und den
Bürgersteig freigeschaufelt. Heute Nachmittag
kam der Schneepflug vorbei und hat den
Bürgersteig und die Einfahrt wieder zugescho-
ben, also holte ich die Schaufel wieder raus.
Was für ein tolles Leben!

12. Dezember

Die Sonne hat unseren ganzen schönen Schnee geschmolzen. Was für eine Enttäuschung. Mein Nachbar Jupp sagt, dass ich mir keine Sorgen machen soll, wir werden definitiv weiße Weihnachten haben. Kein Schnee zu Weihnachten wäre schrecklich!

Jupp sagt, dass wir bis zum Jahresende so viel Schnee haben werden, dass ich nie wieder Schnee sehen will. Ich glaube nicht, dass das möglich ist.

14. Dezember

Schnee, wundervoller Schnee! 30 cm letzte Nacht. Die Temperatur ist auf −20 Grad gesunken. Die Kälte lässt alles glitzern. Der Wind nahm mir den Atem, aber ich habe mich beim Schaufeln aufgewärmt. Das ist das Leben! Der Schneepflug kam heute Nachmittag zurück und hat wieder alles zugeschoben. Mir war nicht klar, dass ich so viel würde schaufeln müssen, aber so komme ich wieder in Form.

15. Dezember

Vorhersage: 60 cm. Habe Schneeketten gekauft und den Kühlschrank aufgefüllt. Meine Frau will einen Holzofen, falls der Strom ausfällt. Das ist lächerlich – wir sind doch nicht in Alaska.

16. Dezember

Eissturm heute Morgen. Bin in der Einfahrt auf den Arsch gefallen, als ich Salz streuen wollte. Tut höllisch weh. Meine Frau hat eine Stunde gelacht.

17. Dezember

Immer noch weit unter 0 Grad. Die Straßen sind zu vereist, um irgendwohin zu kommen. Der Strom war fünf Stunden weg. Musste mich in Decken wickeln, um nicht zu erfrieren. Kein Fernseher. Wir hätten einen Holzofen kaufen sollen, aber das würde ich nie zugeben.

20. Dezember

Der Strom ist wieder da, aber noch mal 40 cm von dem verdammten Zeug letzte Nacht! Noch mehr schaufeln. Hat den ganzen Tag gedauert. Der beschissene Schneepflug kam zweimal vorbei. Habe versucht, eines der Nachbarskinder zum Schaufeln zu überreden. Aber die sagen, sie hätten keine Zeit, weil sie Hockey spielen müssen. Wollte eine Schneefräse im Baumarkt kaufen. Die hatten keine mehr. Jupp sagt, dass ich schaufeln muss, oder die Stadt macht es und schickt mir die Rechnung.

22. Dezember

Jupp hatte recht mit weißen Weihnachten, weil heute Nacht noch mal 30 cm gefallen sind, und es ist so kalt, dass es bis August nicht schmelzen wird. Es hat 45 Minuten gedauert, bis ich fertig angezogen war zum Schaufeln, und dann war ich zu müde dazu. Habe versucht, für den Rest des Winters Jupp anzuheuern, der eine Schneefräse an seinem Lastwagen hat, aber er sagt, dass er zu viel zu tun hat. Ich glaube, dass der Blödmann lügt.

23. Dezember

Nur 10 cm Schnee heute. Und es hat sich auf 0 Grad erwärmt. Meine Frau wollte, dass ich heute das Haus dekoriere. Ist die bekloppt? Ich habe keine Zeit – ich muss SCHAUFELN !!!

24. Dezember

20 Zentimeter. Der Schnee ist vom Schnee-pflug so fest zusammengeschoben, dass ich die Schaufel abgebrochen habe. Dachte, ich kriege einen Herzanfall. Falls ich jemals den Arsch kriege, der den Schneepflug fährt, ziehe ich ihn an seinen Eiern durch den Schnee. Ich weiß genau, dass er sich hinter der Ecke versteckt und wartet, bis ich mit dem Schaufeln fertig bin. Und dann kommt er mit 150 km/h die Straße runterge-rast und wirft tonnenweise Schnee auf die Stelle, wo ich gerade war. Heute Nacht wollte meine Frau mit mir Weihnachtslieder singen und Geschenke auspacken, aber ich hatte keine Zeit. Musste nach dem Schneepflug Ausschau halten.

25. Dezember

Frohe Weihnachten. 60 cm mehr von der !*?#@$.

Der Gedanke an Schneeschaufeln lässt mein Blut kochen. Gott, ich hasse Schnee! Dann kam der Schneepflugfahrer vorbei und hat nach einer Spende gefragt. Ich hab ihm meine Schaufel über den Kopf gezogen. Meine Frau sagt, dass ich schlechte Manieren habe.

26. Dezember

Immer noch eingeschneit. Warum um alles in der Welt bin ich hierhergezogen? Es war alles IHRE Idee. Sie geht mir echt auf die Nerven.

27. Dezember

Die Temperatur ist auf −30 Grad gefallen, und die Wasserrohre sind eingefroren.

28. Dezember
Es hat sich auf −5 Grad erwärmt. Immer noch eingeschneit. DIE ALTE MACHT MICH VERRÜCKT!!!

29. Dezember
Noch mal 30 cm. Jupp sagt, dass ich das Dach freischaufeln muss, oder es wird einstürzen. Das ist das Dämlichste, was ich je gehört habe. Für wie blöd hält der mich eigentlich?

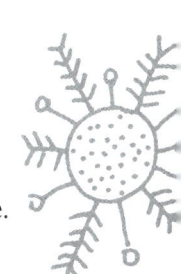

30. Dezember
Das Dach ist eingestürzt. Der Schneepflugfahrer verklagt mich auf 50 000 € Schmerzensgeld. Meine Frau ist zu ihrer Mutter gefahren. 25 cm vorhergesagt.

31. Dezember
Habe den Rest vom Haus angesteckt.
Nie mehr schaufeln!!!!!

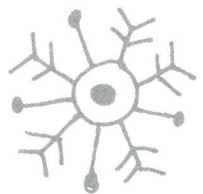

Friede auf Erden

Weihnachten naht, da wird auch der Gefängnisdirektor leutselig. »Na Kinder«, sagt er zu den Häftlingen, »wie wollen wir diesmal das Fest feiern?«
Da meldet sich Klumpfinger, der Taschendieb: »Wissen Sie was, Herr Direktor, machen wir doch einen Tag der offenen Tür!«

Die Feiertage sind angebrochen, und wie üblich ist die Autobahn völlig verstopft. Ein Fahrer hupt wie verrückt. Aus dem nebenstehenden Auto beugt sich eine Frau heraus und erkundigt sich: »Und was haben Sie sonst noch zu Weihnachten bekommen?«

Weihnachten in der DDR.
Trifft ein Mann auf der Straße einen anderen: »Haste schon gehört? Weihnachten soll's Schnee geben.«
Sagt der andere: »Mir egal, ich stell mich nicht an.«

Am 20. ist Firmenweihnachtsfeier. Gegen 22 Uhr will immer noch keiner aufbrechen. Der Chef überlegt, was zu tun ist. Da geht ihm ein Licht auf, und er sagt zu seiner Sekretärin:

»Fräulein Schröder, möchten Sie nicht etwas für uns singen?« Doch das Fräulein geniert sich. »Ach nein, es sind doch noch so viele Kollegen da!« »Eben!«

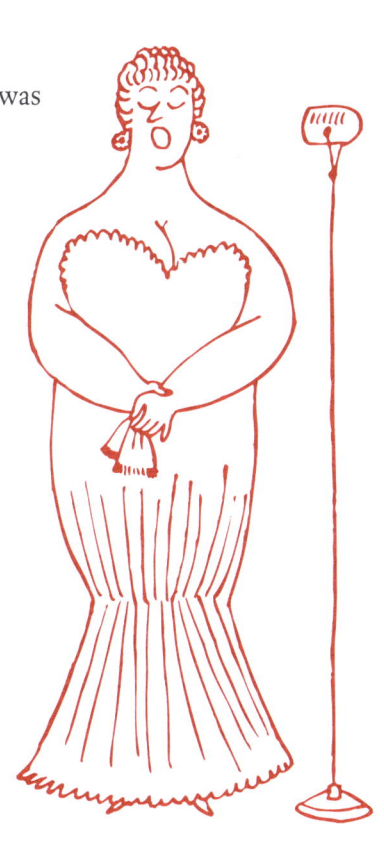

Weihnachtsfeier in der Werbeagentur

Liebe Teammates!

Damit unsere diesjährige X-Mas-Kick-Off-Party ein voller Erfolg wird, ist es höchste Zeit, das Roll-out und das X-Mas-Mailing just in time zu starten.

Erstmals haben wir ein Projektstatus-Meeting vorgeschaltet, bei dem eine in Workshops entwickelte To-Do-Liste und einheitliche Job-Descriptions erstellt wurden. Dadurch sollen klare Verantwortungsbereiche, eine powervolle Performance des Events und optimierte Geschenk-Allocations geschaffen werden. Dieses Meeting diente zugleich dazu, mit dem Co-Head Global Christmas Markets (Knecht Ruprecht) die Ablauf-Organisation abzustimmen und die Zielgruppe klar zu definieren. Die Service-Provider (Engel, Elfen und Rentiere) wurden bereits via Conference Call virtuell informiert und die Core-Competences vergeben. Durch ein ausgeklügeltes Management Information System (MIST) ist auch Benchmark-Orientiertes Controlling für jedes Private-Schenking-Center möglich. Ferner wurde durch intensives Brainstorming ein Konsens über das Mission-Statement gefunden. Es lautet: »Let's keep the candles burning« und ersetzt das bisherige »Frohe Weihnachten«.

Gez.
CEO (Christmas Event Organizer)

Wer fragt, erhält Antwort

Woher kennt der Weihnachtsmann die
Wünsche aller Kinder?
Er hat amazon gehackt.

Werden Schneemänner
gebaut oder geboren?
*Geboren, oder noch nie was von
Schneewehen gehört?*

Womit endet der Heilige Abend?
Mit einem »D«.

Welches ist Tarzans liebstes Weihnachtslied?
»Jungle Bells«.

Wie bringt man einen Idioten
dazu, Silvester zu lachen?
*Man erzählt ihm einen
Witz am Weihnachtsabend.*

Wieso kann der Weihnachtsmann nicht auch eine Weihnachtsfrau sein?
Keine Frau würde jedes Jahr die gleiche Kleidung tragen.

Was sagt ein Schneemann zum anderen Schneemann?
Riechst du auch Karotten?

Was machen A-Klasse-Fahrer am 25. und 26. Dezember?
Weihnachtskugeln.

Was passiert mit einem Engel, wenn er in einen Misthaufen fällt?
Er bekommt Kotflügel.

Wie heißen die Fußballschuhe von Jesus?
Christstollen.

Bethlehem, 7. Januar im Jahre 1

Oder: Was wäre, wenn Jesu Geburt heute stattgefunden hätte?

Wie die Behörden berichten, wurde gestern in Bethlehem, nahe Jerusalem, eine kriminelle Zusammenkunft aufgelöst: In einem Stall des Hirten H.* wurden eine minderjährige Frau, ihr neugeborenes Kind, ihr angeblicher Ehemann sowie drei verwirrte ältere Herren, die sich als »Könige aus dem Morgenland« ausgaben und exotische Rauschgifte mitführten, nach Warnhinweisen der Bevölkerung aufgegriffen. Die drei älteren Männer K., B. und M. gaben einhellig zu Protokoll, bei dem Kind handle es sich um den im Fleische erschienenen Gottessohn. Ob es sich bei der Gruppierung um eine fundamentalistische Sekte oder um eine spontane unsittliche Zusammenkunft handelt, ist bisher noch ungeklärt.

Da die junge Frau ihre Fürsorgefähigkeit nicht unter Beweis stellen konnte, wurde das verwahrloste Neugeborene, das im Stall geboren wurde und seitdem lediglich auf Stroh

gebettet und von dreckigem Nutzvieh
umgeben war, bis auf Weiteres der
Jugendfürsorge übergeben.

Die Vermutung liegt nahe, dass K., B. und M.
Drogenschmuggler sind, deren abenteuerliche
Geschichte, es handle sich bei dem Rauchwerk
und dem ebenfalls mitgeführten Edelmetall um
Geschenke für das Neugeborene, eine reine
Schutzbehauptung ist.

Die junge Frau, die – vermutlich unter Drogen-
einfluss – die Behauptungen der Männer
stützte und gar von einer »jungfräulichen
Geburt« sprach, wurde vorerst zur
Untersuchung ihrer geistigen Gesundheit in
ein Krankenhaus ein-
gewiesen, der angeb-
liche Ehemann J.
und die drei
älteren Herren
wurden wegen Verdachts
auf Unzucht und
Wirtschaftskriminalität
vorläufig festgenommen.

* Die Namen sind aus Personenschutz-
  gründen unkenntlich gemacht –
  die Redaktion

Nach dem Fest ist vor dem Fest

Zwei Jungs auf dem Schulhof: »Na, was hast du alles zu Weihnachten geschenkt bekommen?«
»Och, das Übliche, einen Fußball, Pfeil und Bogen, ein Luftgewehr, eine Steinschleuder …«
»Das sind ja komische Weihnachtsgeschenke.«
»Nicht, wenn dein Vater Glaser ist …«

Na, hat Ihnen das Christkind zu Weihnachten was Schönes beschert?«
»Danke, ich bin zufrieden, mein Freund hat mir ein Buch zurückgebracht, das er vor langer Zeit borgte, mein silbernes Taschenmesser fand sich in einer alten Hose, und meine Tante ist krank und wird mich nicht besuchen.«

Treffen sich zwei Mittvierzigerinnen kurz nach Weihnachten.
»Ich habe meinen Mann so reich beschenkt, dass er gar nicht alles auf einmal tragen kann.«
»Ach, wie großzügig! Was hat er denn bekommen?«
»Drei Paar Socken!«

Peter ruft seine Tante an: »Ich danke dir für das Geschenk, das du mir zu Weihnachten geschickt hast.«

»Ach«, erwidert die Tante, »das ist doch kaum der Rede wert.«

»Der Meinung war ich auch«, entgegnet Peter, »aber Mami meinte, ich müsste mich auf alle Fälle bei dir bedanken.«

Zwei Freunde treffen sich kurz nach Weihnachten.

»Und, hast du was Überraschendes bekommen?«

»Allerdings! Meine Mutter hat uns ein Teeservice geschenkt, das wir vor Jahren auf ihrem Dachboden deponiert hatten.«

Weihnachten für Vorlaute

Die vier Lebensabschnitte eines Mannes:
1. Du glaubst an den Weihnachtsmann.
2. Du glaubst nicht mehr an den Weihnachtsmann.
3. Du bist der Weihnachtsmann.
4. Die siehst aus wie der Weihnachtsmann.

Gedichtvortrag an den Nikolaus:
Ich bin noch viel zu klein,
Mir fällt kein Verslein ein.

Sankt Niklas ist ein braver Mann,
bringt den kleinen Kindern was.
Die großen lässt er laufen – die
können sich was kaufen.

Findet der Bauer Lametta im
Essen, weiß er, er soll das
Geschenk nicht vergessen!

Rupprecht, Rupprecht, guter Gast, hast du mir was mitgebracht? Hast du was, dann setz dich nieder, hast du nichts, dann geh gleich wieder.

Wenn die Gans vor Angst laut schreit, dann ist Weihnachten nicht mehr weit!

English for Insiders – Englisch für Stubenhocker

Who is never hungry at Christmas?
The turkey - he's always stuffed!

What did Adam say on the day before
Christmas?
It's Christmas, Eve!

Was singt der Eskimo zum Weihnachtsessen?
*»Whalemeat again, don't know where, don't know
when ... «*

What is Christmas?
When everyone is Santamental.

Pst! Witze für Erwachsene

Was ist scheinheilig?
Wenn man das ganze Jahr über die Pille nimmt und an Weihnachten singt: »Ihr Kinderlein kommet …«

Familie Knorr sitzt am Heiligen Abend in der Wohnung und singt Weihnachtslieder. Plötzlich klingelt es an der Tür. Das Kind macht auf – und da steht der Weihnachtsmann sagt: »Nun, mein Kind, willst du nicht wissen, was ich Schönes in meinem Sack habe?« Daraufhin rennt das Kind schreiend zu den Eltern und ruft: »Mutti, Mutti, der Perverse vom letzten Jahr ist wieder da!«

Warum werfen die Burgenländer Viagra in die Tannenwälder?
Ganz einfach: Sie wollen zu Weihnachten Tannenbäume mit Ständer!

Junge, Junge, ich bin ja so gespannt! Was da wohl alles drin ist?! Ich kann es kaum noch erwarten. Darf ich's jetzt auspacken? Oder muss ich bis Weihna…«
»Mein Gott, Albert«, stöhnt Gabi, »kannst du meinen BH nicht aufknöpfen wie jeder andere auch?«

Warum sind die Brüste einer Frau wie die Modelleisenbahnen, die Kinder zu Weihnachten bekommen?
Eigentlich wurden sie für Kinder gemacht, aber der Vater will mit ihnen spielen!

Mutter zur Tochter: »Nun Kind, was wünscht du dir denn vom Weihnachtsmann?«
Tochter: »Einen neuen Bundeskanzler!«
Die Mutter erstaunt: »Wieso denn das?«
»Nun, wenn die alte bleibt, bekommen wir die nächsten vier Jahre eh keine Geschenke!«

Zwei alte Männer unterhalten sich. Sagt der eine: »Sex ist eben doch schöner als Weihnachten!«
Darauf der zweite: »Ich bevorzuge Weihnachten!«
»Warum das?«
»Es ist öfter!«

Bei der Hochzeit verspricht der junge Ehemann, bei jedem Mal Sex einen 50-Euro-Schein in das Sparschwein zu stecken. Bald ist Weihnachten, und für die Einkäufe wird das Schwein geschlachtet. Heraus kommen eine Menge 50-Euro-Scheine, doch auch zwei 100er und sogar ein 500er!
»Aber ich habe doch immer nur 50er hineingesteckt?«
»Na und, es sind ja nicht alle so geizig wie du!«

Der Papst stirbt und tritt vor die Himmelspforte. »Wer bist du?«, fragt Petrus. »Ich bin der Stellvertreter Gottes auf Erden, der Papst aus Rom.« »Einen Moment«, sagt Petrus und greift zum Telefonhöher. »Hallo  Chef, hier ist einer, der sich Papst aus Rom nennt, kennst du den? Nein? Okay, ich frag mal den Heiligen Geist.«

Er wählt erneut und wiederholt seine Frage. Da brüllt es am anderen Ende der Leitung: »Den lässt du auf keinen Fall rein! Das ist der Vogel, der die schmutzigen Geschichten über mich und Maria erzählt und das dann ›Weihnachtswunder‹ nennt!«

Warum hat der Weihnachtsmann einen so großen Sack?
Weil er nur einmal im Jahr kommt.

Du Papa, ist der Weihnachtsmann schwul?«
»Wie kommst du denn darauf?«
»Na, würdest du etwa einen roten Mantel mit Fellbesatz tragen?«

ISBN 978-3-359-02399-9

Ein Verlagsverzeichnis schicken wir Ihnen gern:
Eulenspiegel · Das Neue Berlin Verlagsgesellschaft mbH & Co. KG
Neue Grünstr. 18, 10179 Berlin
Tel. 01805 / 30 99 99 (0,14 € / Min., Mobil max. 0,42€ / Min.)

Die Bücher des Eulenspiegel Verlags erscheinen
in der Eulenspiegel Verlagsgruppe.

www.eulenspiegel-verlagsgruppe.de